школа - l'école	2
путешествие - le voyage	5
транспорт - le transport	8
город - la ville	10
ландшафт - le paysage	14
ресторан - le restaurant	17
супермаркет - le supermarché	20
напитки - les boissons	22
еда - les aliments	23
ферма - la ferme	27
дом - la maison	31
гостиная - la salle de séjour	33
кухня - la cuisine	35
ванная комната - la salle de bains	38
детская комната - la chambre d'enfant	42
одежда - les vêtements	44
офис - le bureau	49
экономика - l'économie	51
профессии - les professions	53
инструменты - les outils	56
музыкальные инструменты - les instruments de musique	57
зоопарк - le zoo	59
спорт - les sports	62
действия - les activités	63
семья - la famille	67
тело - le corps	68
больница - l'hôpital	72
неотложный случай - l'urgence	76
земля - la Terre	77
часы - l'heure	79
неделя - la semaine	80
год - l'année	81
формы - les formes	83
цвета - les couleurs	84
противоположности - les opposés	85
цифры - les nombres	88
языки - les langues	90
кто / что / как - qui / quoi / comment	91
где - où	92

Impressum
Verlag: BABADADA GmbH, Nedderfeld 112 , 22529 Hamburg
Geschäftsführer / Verlagsleitung: Harald Hof
Druck: Books on Demand GmbH, In de Tarpen 42, 22848 Norderstedt

Imprint
Publisher: BABADADA GmbH, Nedderfeld 112 , 22529 Hamburg, Germany
Managing Director / Publishing direction: Harald Hof
Print: Books on Demand GmbH, In de Tarpen 42, 22848 Norderstedt

школа
l'école

делить / diviser
доска / le tableau
классная комната / la salle de classe
школьный двор / la cour d'école
учитель / l'enseignant
бумага / le papier
писать / écrire
ручка / le stylo
письменный стол / le bureau de travail
линейка / la règle
книга / le livre
ученик / l'écolier

ранец

le sac d'écolier

пенал

la trousse

карандаш

le crayon

точилка

le taille-crayon

ластик

la gomme à effacer

альбом для рисования

le bloc de papier à dessin

школа - l'école

рисунок
le dessin

кисточка
le pinceau

коробка красок
la boîte de peintures

ножницы
les ciseaux

клей
la colle

тетрадь
le cahier d'exercices

домашняя работа
les devoirs

цифра
le chiffre

прибавлять
additionner

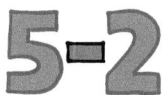
вычитать
soustraire

умножать
multiplier

считать
calculer

буква
la lettre

алфавит
l'alphabet

слово
le mot

школа - l'école

текст
le texte

читать
lire

мел
la craie

урок
la leçon

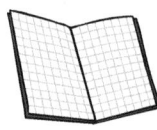
классный журнал
le cahier de notes

экзамен
l'examen

диплом
le certificat

школьная форма
l'uniforme scolaire

образование
l'éducation

энциклопедия
l'encyclopédie

университет
l'université

микроскоп
le microscope

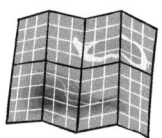
карта
la carte

корзина для бумаг
la corbeille à papier

школа - l'école

путешествие
le voyage

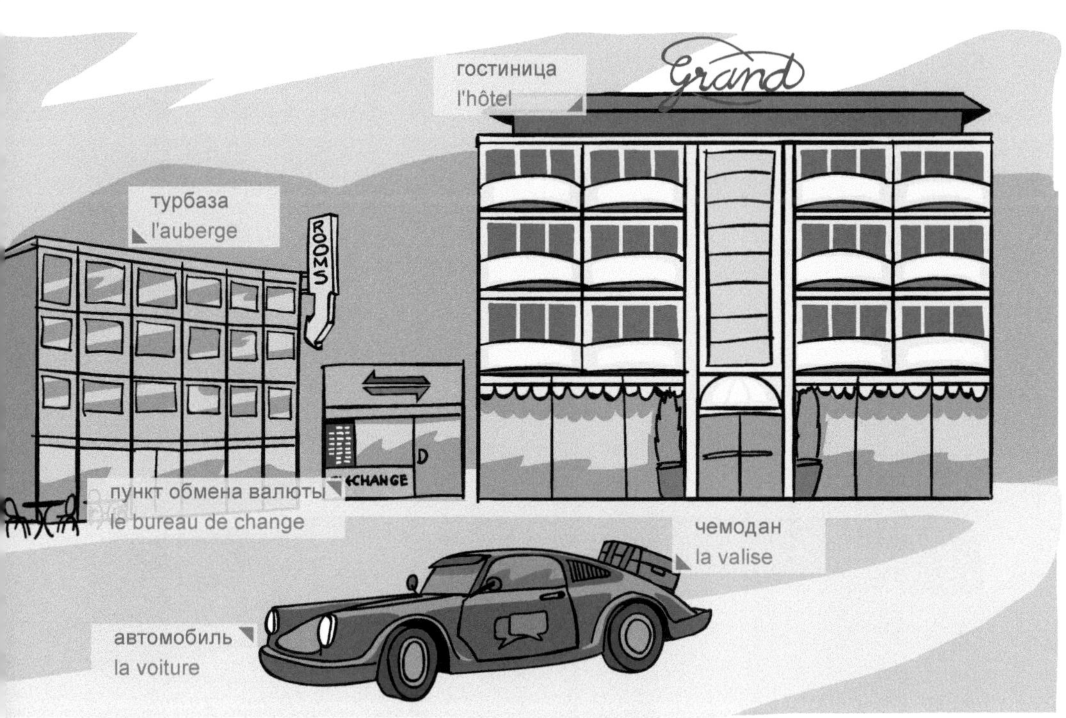

гостиница
l'hôtel
Grand
турбаза
l'auberge
ROOMS
пункт обмена валюты
le bureau de change
CHANGE
чемодан
la valise
автомобиль
la voiture

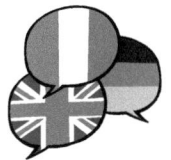

язык

la langue

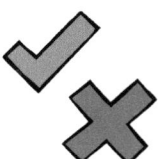

да / нет

oui / non

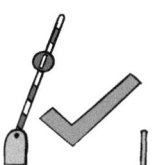

хорошо

Okay

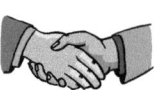

Привет

Allo!

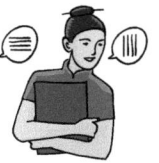

переводчик

le traducteur

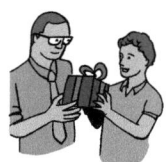

Спасибо

Merci

Сколько стоит...?
Combien coûte...?

Я не понимаю
Je ne comprends pas

проблема
le problème

Добрый вечер!
Bonsoir !

Доброе утро!
Bonjour !

Доброй ночи!
Bonne nuit !

До свидания
bye bye

направление
la direction

багаж
les bagages

сумка
le sac

рюкзак
le sac à dos

гость
l'invité

комната
la pièce

спальный мешок
le sac de couchage

палатка
la tente

путешествие - le voyage

туристическая информация
le bureau d'information touristique

пляж
la plage

кредитная карточка
la carte de crédit

завтрак
le déjeuner

обед
le dîner

ужин
le souper

билет
le billet

лифт
l'ascenseur

почтовая марка
le timbre

граница
la frontière

таможня
la douane

посольство
l'ambassade

виза
le visa

паспорт
le passeport

путешествие - le voyage

транспорт
le transport

корабль
le navire

самолёт
l'avion

пожарный автомобиль
le camion d'incendie

грузовик
le camion

автобус
l'autobus

моторная лодка
le bateau à moteur

автомобиль
la voiture

велосипед
le vélo

паром

le traversier

лодка

le bateau

мотоцикл

la motocyclette

полицейский автомобиль

la voiture de police

гоночный автомобиль

la voiture de course

арендованный автомобиль
la voiture de location

совместное пользование автомобилями
l'autopartage

буксировочный автомобиль
la dépanneuse

мусоровоз
le camion à ordures

двигатель
le moteur

топливо
le carburant

заправка
la station-service

 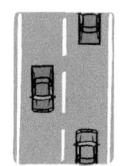 

дорожный знак
le panneau de signalisation

движение
la circulation

пробка
l'embouteillage

 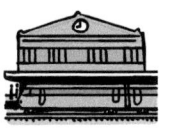 

автостоянка
le parc de stationnement

вокзал
la gare

рельсы
les voies ferrées

 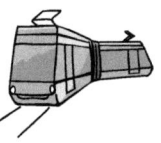 

поезд
le train

трамвай
le tramway

вагон
le wagon

вертолёт

l'hélicoptère

аэропорт

l'aéroport

вышка

la tour

пассажир

le passager

контейнер

le conteneur

коробка

la boîte en carton

тележка

le chariot

корзина

le panier

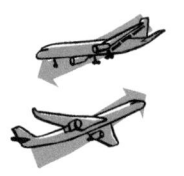

взлетать / приземляться

décoller / atterrir

город
la ville

деревня

le village

центр города

le centre-ville

дом

la maison

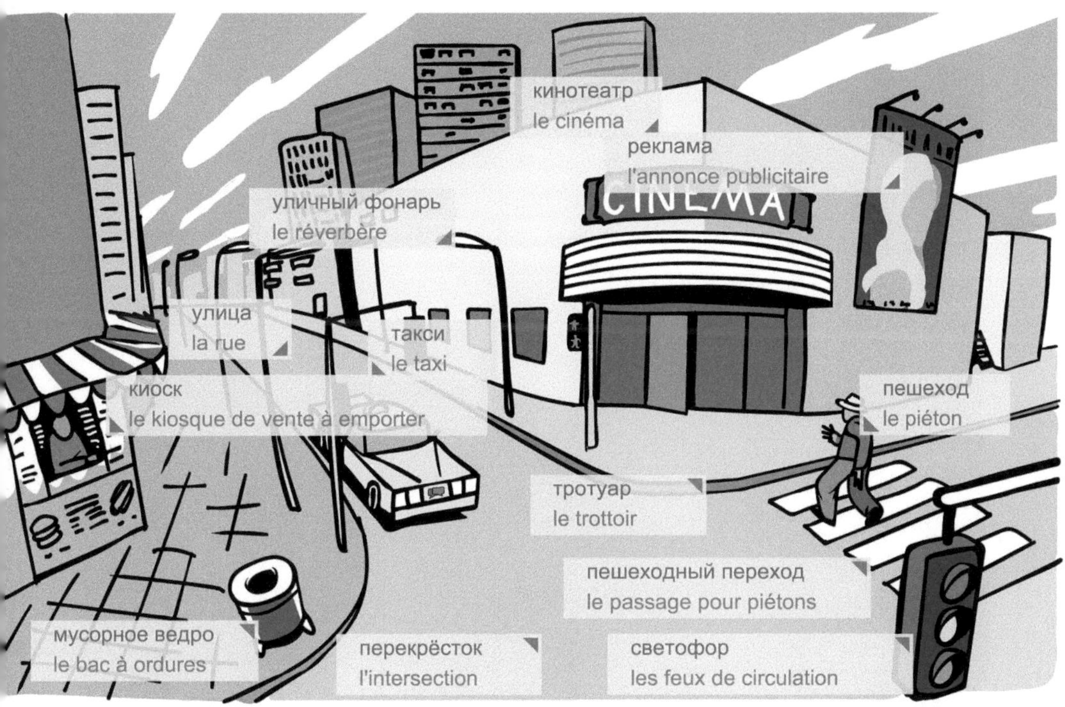

кинотеатр — le cinéma
реклама — l'annonce publicitaire
уличный фонарь — le réverbère
улица — la rue
такси — le taxi
киоск — le kiosque de vente à emporter
пешеход — le piéton
тротуар — le trottoir
пешеходный переход — le passage pour piétons
мусорное ведро — le bac à ordures
перекрёсток — l'intersection
светофор — les feux de circulation

хижина
la cabane

квартира
l'appartement

вокзал
la gare

ратуша
l'hôtel de ville

музей
le musée

школа
l'école

город - la ville

университет
l'université

банк
la banque

больница
l'hôpital

гостиница
l'hôtel

аптека
la pharmacie

офис
le bureau

книжный магазин
la librairie

магазин
le magasin

цветочный магазин
le fleuriste

супермаркет
le supermarché

рынок
le marché

универмаг
le grand magasin

торговец рыбой
la poissonnerie

торговый центр
le centre commercial

порт
le port

парк
le parc

скамейка
le banc

мост
le pont

лестница
les escaliers

метро
le métro

тоннель
le tunnel

автобусная остановка
l'arrêt d'autobus

бар
le bar

ресторан
le restaurant

почтовый ящик
la boîte à lettres

табличка с названием улицы
la plaque de rue

паркометр
le parcomètre

зоопарк
le zoo

бассейн
les bains publics

мечеть
la mosquée

город - la ville

ферма
la ferme

загрязнение окружающей среды
la pollution

кладбище
le cimetière

церковь
l'église

детская площадка
l'aire de jeux

храм
le temple

ландшафт
le paysage

- лист — la feuille
- дорожный указатель — le panneau indicateur
- дорога — le chemin
- луг — le pré
- камень — la pierre
- дерево — l'arbre
- путешественник — le randonneur
- река — la rivière
- трава — l'herbe
- цветок — la fleur

долина
la vallée

гора
la colline

озеро
le lac

лес
la forêt

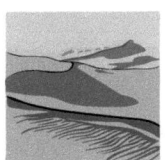
пустыня
le désert

вулкан
le volcan

замок
le château

радуга
l'arc-en-ciel

гриб
le champignon

пальма
le palmier

комар
le moustique

муха
la mouche

муравей
la fourmi

пчела
l'abeille

паук
l'araignée

ландшафт - le paysage

жук

le scarabée

лягушка

la grenouille

белка

l'écureuil

еж

le hérisson

заяц

le lièvre

сова

la chouette

птица

l'oiseau

лебедь

le cygne

кабан

le sanglier

олень

le cerf

лось

l'orignal

плотина

le barrage

ветряной генератор

l'éolienne

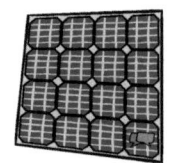

солнечная батарея

le panneau solaire

климат

le climat

ландшафт - le paysage

ресторан
le restaurant

- официант / le serveur
- меню / le menu
- стул / la chaise
- суп / la soupe
- столовые приборы / la coutellerie
- пицца / la pizza
- скатерть / la nappe

закуска
les hors-d'œuvre

главное блюдо
le plat principal

десерт
le dessert

напитки
les boissons

еда
les aliments

бутылка
la bouteille

фастфуд
la restauration rapide

уличная еда
la cuisine de rue

чайник
la théière

сахарница
le sucrier

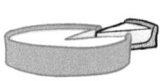

порция
la part

кофеварка
la machine à expresso

детский стульчик
la chaise haute d'enfant

счет
la facture

поднос
le plateau

нож
le couteau

вилка
la fourchette

ложка
la cuillère

чайная ложка
la cuillère à thé

салфетка
la serviette

стакан
le verre

ресторан - le restaurant

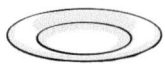

тарелка
l'assiette

суповая тарелка
l'assiette creuse

блюдце
la soucoupe

соус
la sauce

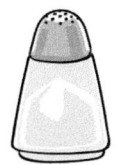

солонка
la salière

мельница для перца
le moulin à poivre

уксус
le vinaigre

масло
l'huile

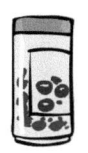 

специи
les épices

кетчуп
le ketchup

горчица
la moutarde

майонез
la mayonnaise

ресторан - le restaurant

супермаркет
le supermarché

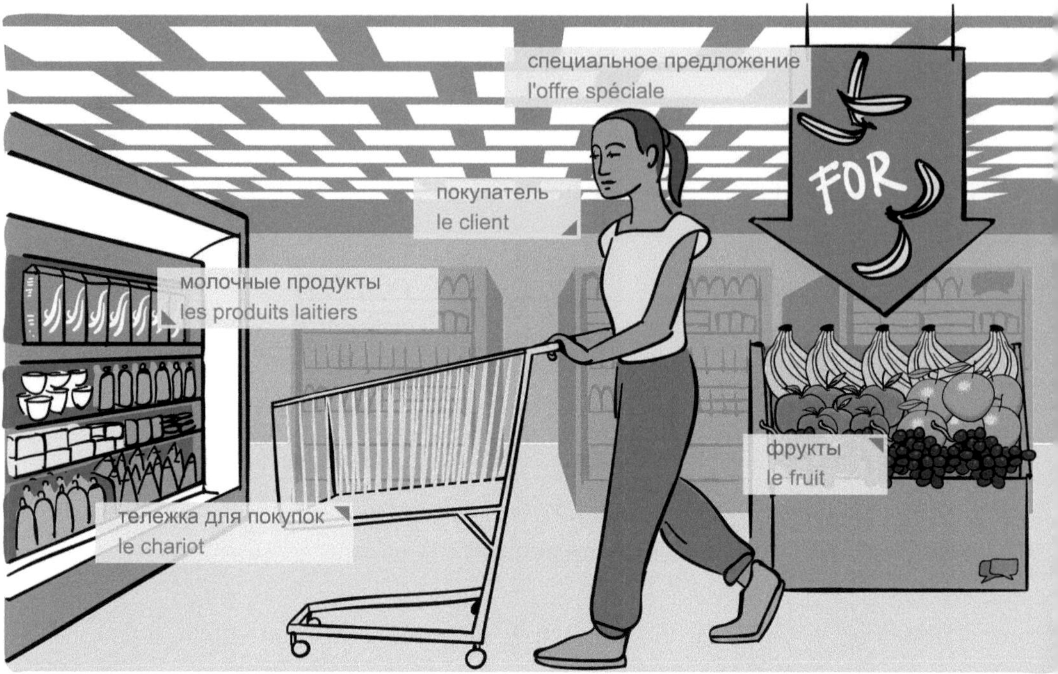

специальное предложение
l'offre spéciale
FOR
покупатель
le client
молочные продукты
les produits laitiers
фрукты
le fruit
тележка для покупок
le chariot

BUTCHERS

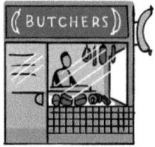

мясной магазин

la boucherie

BAKERY

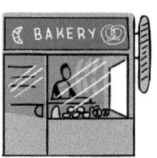

пекарня

la boulangerie

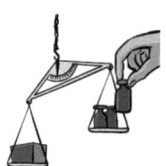

взвешивать

peser

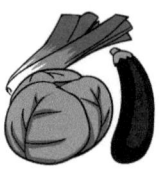

овощи

les légumes

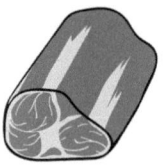

мясо

la viande

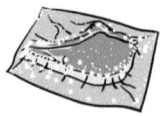

быстрозамороженные продукты

les aliments congelés

нарезка

les viandes froides

консервы

les conserves

стиральный порошок

le détergent à lessive en poudre

сладости

les sucreries

предмет домашнего обихода

les produits d'entretien ménager

моющее средство

les produits d'entretien

продавщица

la vendeuse

касса

la caisse

кассир

le caissier

список покупок

la liste de provisions

время работы

les heures d'ouverture

бумажник

le portefeuille

кредитная карточка

la carte de crédit

сумка

le sac

полиэтиленовый пакет

le sac plastique

супермаркет - le supermarché

напитки
les boissons

вода
l'eau

сок
le jus

молоко
le lait

кока-кола
le cola

вино
le vin

пиво
la bière

алкоголь
l'alcool

какао
le cacao

чай
le thé

кофе
le café

эспрессо
l'expresso

капучино
le cappuccino

еда
les aliments

банан
la banane

яблоко
la pomme

апельсин
l'orange

арбуз
le melon d'eau

лимон
le citron.

морковь
la carotte

чеснок
l'ail

бамбук
le bambou

лук
l'oignon

гриб
le champignon

орехи
les noix

лапша
les nouilles

спагетти les spaghettis	рис le riz	салат la salade

картофель фри les frites	жареный картофель les pommes de terre sautées	пицца la pizza

гамбургер le hamburger	сэндвич le sandwich	шницель l'escalope
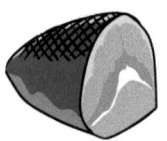		
ветчина le jambon	салями le salami	колбаса la saucisse

курица le poulet	жаркое le rôti	рыба le poisson

еда - les aliments

овсяные хлопья

le gruau d'avoine

мюсли

le muesli

кукурузные хлопья

les flocons de maïs

мука

la farine

круассан

le croissant

булочка

le petit pain

хлеб

le pain

тост

la rôtie

печенье

les biscuits

масло

le beurre

творог

le caillé

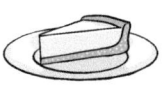

пирог

le gâteau

яйцо

l'œuf

яичница

l'œuf miroir

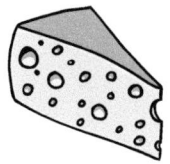

сыр

le fromage

еда - les aliments

мороженое	сахар	мёд
la crème glacée	le sucre	le miel

мармелад	крем с нугой	карри
la confiture	la crème de nougat	le cari

еда - les aliments

ферма
la ferme

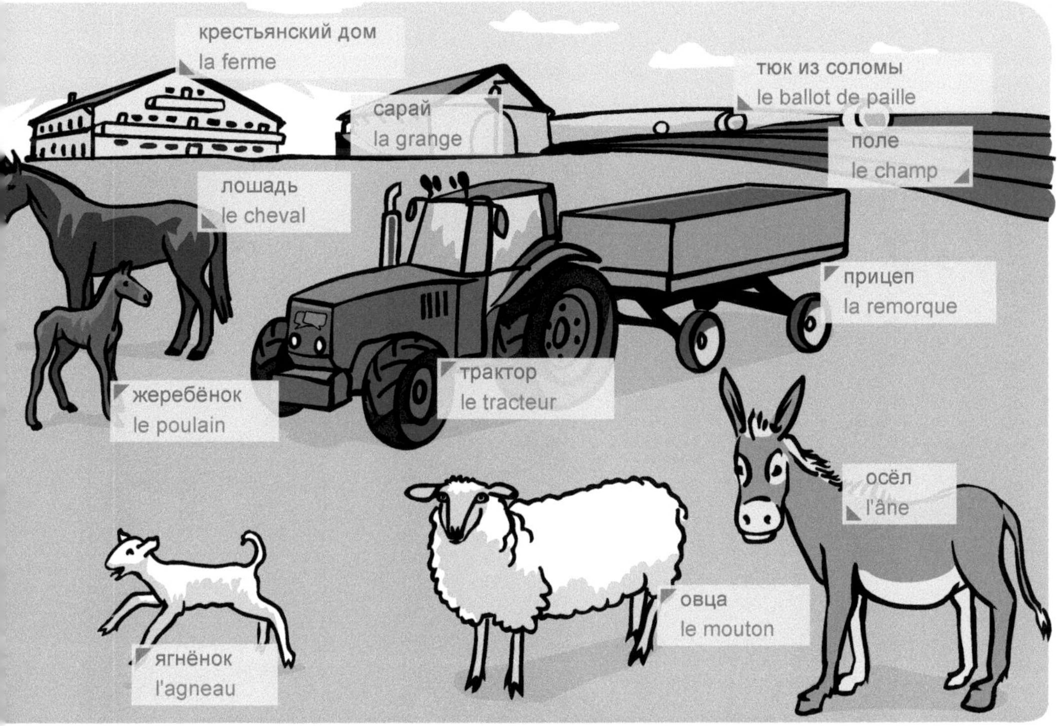

крестьянский дом
la ferme

сарай
la grange

тюк из соломы
le ballot de paille

поле
le champ

лошадь
le cheval

прицеп
la remorque

жеребёнок
le poulain

трактор
le tracteur

осёл
l'âne

ягнёнок
l'agneau

овца
le mouton

коза

la chèvre

корова

la vache

телёнок

le veau

свинья

le porc

поросёнок

le porcelet

бык

le taureau

гусь
l'oie

утка
le canard

цыплёнок
le poussin

курица
la poule

петух
le coq

крыса
le rat

кошка
le chat

мышь
la souris

вол
le bœuf

собака
le chien

конура
la niche

садовый шланг
le tuyau d'arrosage

лейка
l'arrosoir

коса
la faux

плуг
la charrue

ферма - la ferme

серп
la faucille

мотыга
la binette

навозные вилы
la fourche à foin

топор
la hache

тачка
la brouette

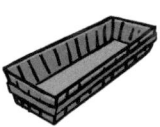

корыто
l'auge

бидон для молока
le pot à lait

мешок
le grand sac

забор
la clôture

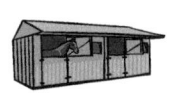

хлев
l'écurie

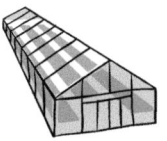

теплица
la serre

почва
le sol

посев
les graines

удобрение
l'engrais

комбайн
la moissonneuse-batteuse

ферма - la ferme

собирать урожай
récolter

урожай
la récolte

ямс
l'igname

пшеница
le blé

соя
le soja

картофель
la pomme de terre

кукуруза
le maïs

рапс
la graine de colza

фруктовое дерево
l'arbre fruitier

маниок
le manioc

злаки
les grains

ферма - la ferme

дом
la maison

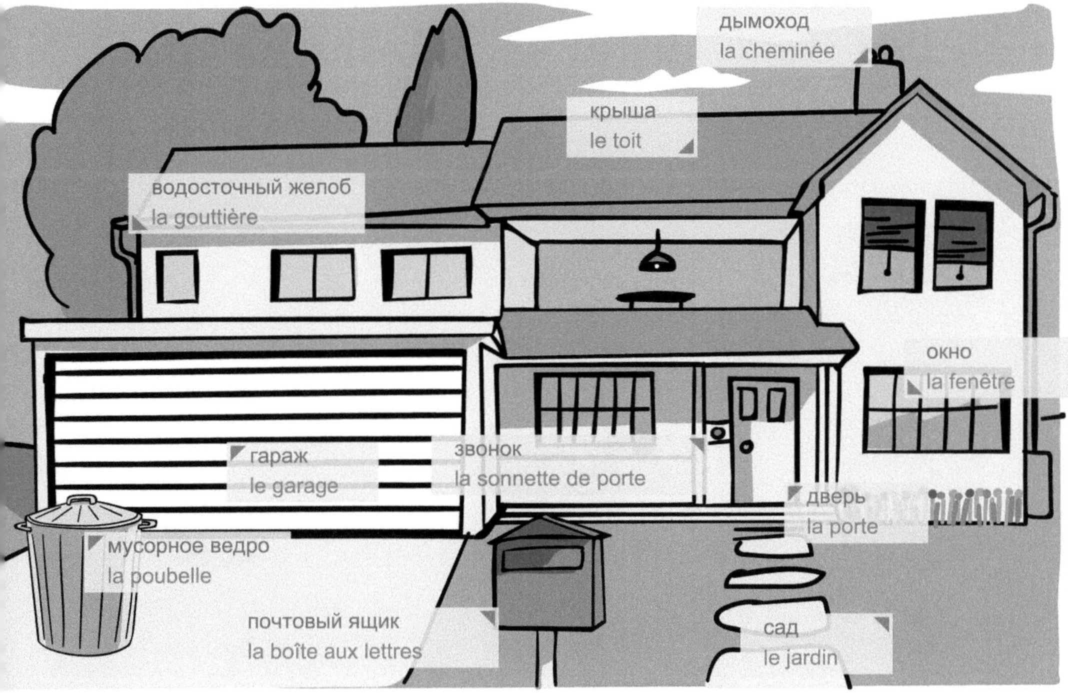

дымоход — la cheminée
крыша — le toit
водосточный желоб — la gouttière
окно — la fenêtre
гараж — le garage
звонок — la sonnette de porte
дверь — la porte
мусорное ведро — la poubelle
почтовый ящик — la boîte aux lettres
сад — le jardin

гостиная
la salle de séjour

ванная комната
la salle de bains

кухня
la cuisine

спальня
la chambre à coucher

детская комната
la chambre d'enfant

столовая
la salle à manger

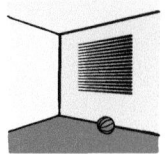

пол

le plancher

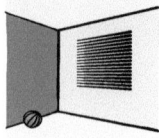

стена

le mur

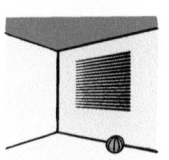

потолок

le plafond

подвал

le cellier

сауна

le sauna

балкон

le balcon

терраса

la terrasse

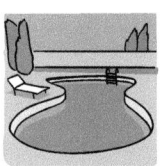

бассейн

la piscine

газонокосилка

la tondeuse à gazon

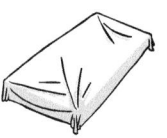

пододеяльник

le drap

покрывало

le jeté de lit

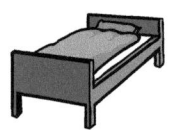

кровать

le lit

метла

le balai

ведро

le seau

выключатель

l'interrupteur

гостиная
la salle de séjour

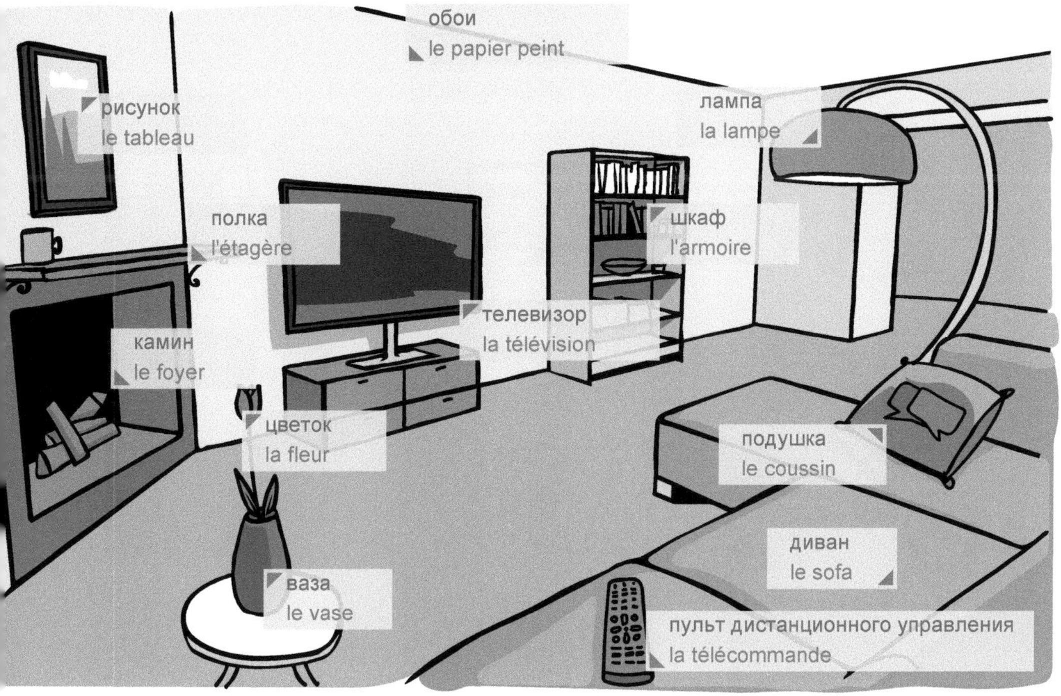

- обои — le papier peint
- рисунок — le tableau
- лампа — la lampe
- полка — l'étagère
- шкаф — l'armoire
- камин — le foyer
- телевизор — la télévision
- цветок — la fleur
- подушка — le coussin
- ваза — le vase
- диван — le sofa
- пульт дистанционного управления — la télécommande

ковёр
le tapis

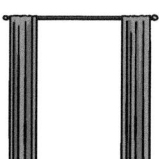

штора
le rideau

стол
la table

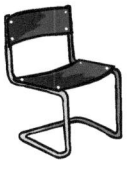

стул
la chaise

кресло-качалка
la berceuse

кресло
le fauteuil

книга
le livre

покрывало
la couverte

украшение
la décoration

дрова
le bois de chauffage

фильм
le film

стереосистема
la chaîne hi-fi

ключ
la clé

газета
le journal

картина
la peinture

плакат
l'affiche

радио
la radio

блокнот
le bloc-notes

пылесос
l'aspirateur

кактус
le cactus

свеча
la chandelle

гостиная - la salle de séjour

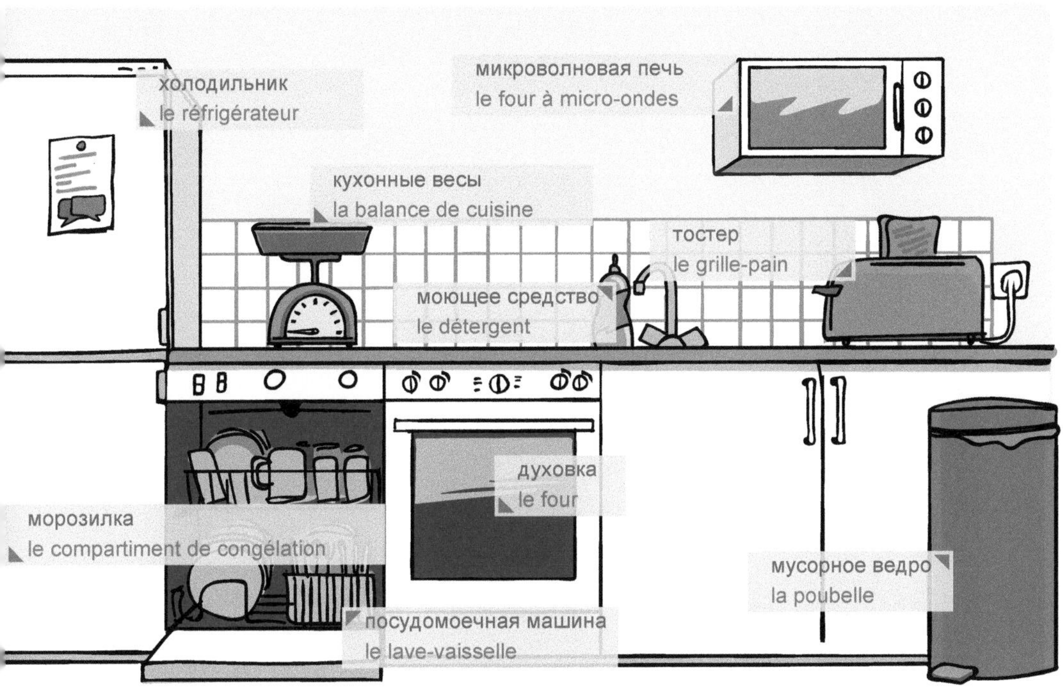

кухня
la cuisine

холодильник
le réfrigérateur

микроволновая печь
le four à micro-ondes

кухонные весы
la balance de cuisine

тостер
le grille-pain

моющее средство
le détergent

морозилка
le compartiment de congélation

духовка
le four

мусорное ведро
la poubelle

посудомоечная машина
le lave-vaisselle

плита

la cuisinière

кастрюля

la marmite

чугунный котелок

la cocotte en fonte

вок / кадай

le wok/kadai

сковорода

la poêle

чайник

la bouilloire

пароварка

le cuiseur à vapeur

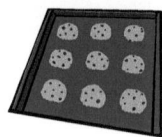

противень

la plaque à patisserie

посуда

la vaisselle

кружка

la grande tasse

миска

le bol

палочки для еды

les baguettes

половник

la louche

лопатка

la spatule

сбивалка

le fouet

сито

la passoire

сито

le tamis

тёрка

la râpe

ступка

le mortier

гриль

le barbecue

костёр

le foyer

доска

la planche à découper

скалка

le rouleau à pâtisserie

штопор

le tire-bouchon

жестяная банка

la boîte à conserves

консервный нож

l'ouvre-boîte

прихватка

la mitaine de four

раковина

l'évier

щетка

la brosse

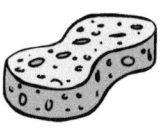

губка

l'éponge

миксер

le mélangeur

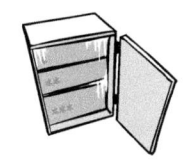

морозильная камера

le congélateur

бутылочка для кормления

le biberon

кран

le robinet

кухня - la cuisine

ванная комната
la salle de bains

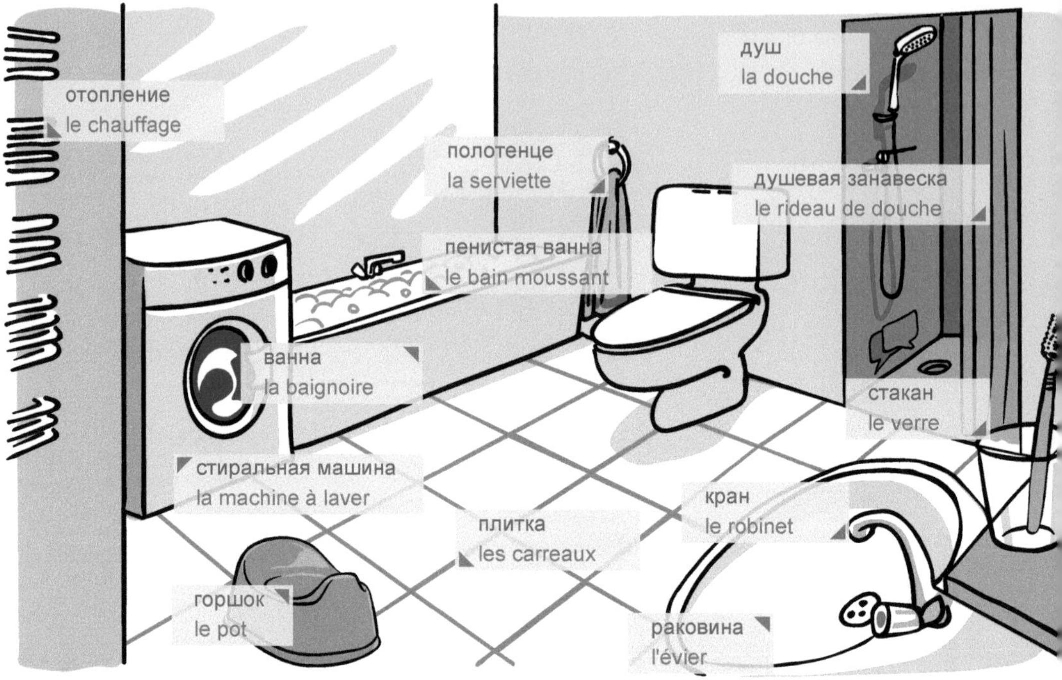

- отопление / le chauffage
- душ / la douche
- полотенце / la serviette
- душевая занавеска / le rideau de douche
- пенистая ванна / le bain moussant
- ванна / la baignoire
- стакан / le verre
- стиральная машина / la machine à laver
- плитка / les carreaux
- кран / le robinet
- горшок / le pot
- раковина / l'évier

туалет
la toilette

напольный унитаз
la toilette turque

биде
le bidet

писсуар
l'urinoir

туалетная бумага
le papier hygiénique

ершик
la brosse à toilette

зубная щетка
la brosse à dents

зубная паста
le dentifrice

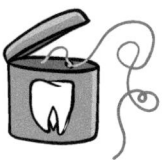
зубная нить
la soie dentaire

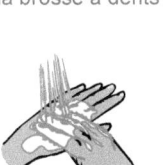
мыть
laver

ручной душ
la douchette

интимный душ
la douche vaginale

таз
la cuvette

щетка для спины
la brosse pour le dos

мыло
le savon

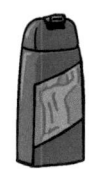
гель для душа
le gel douche

шампунь
le shampooing

мочалка
la débarbouillette

сток
le drain

крем
la crème

дезодорант
le déodorant

ванная комната - la salle de bains

зеркало

le miroir

ручное зеркало

le miroir à main

бритва

le rasoir

пена для бритья

la mousse à raser

лосьон после бритья

l'après-rasage

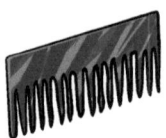

расческа

le peigne

щетка

la brosse

фен

le sèche-cheveux

лак для волос

la laque

косметика

le maquillage

губная помада

le rouge à lèvres

лак для ногтей

le vernis à ongles

вата

l'ouate

маникюрные ножницы

les ciseaux à ongles

духи

le parfum

ванная комната - la salle de bains

косметичка

la trousse de toilette

табуретка

le tabouret

весы

le pèse-personne

халат

le peignoir

резиновые перчатки

les gants de caoutchouc

тампон

le tampon

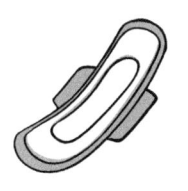

гигиеническая прокладка

les serviettes hygiéniques

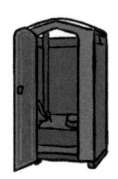

биотуалет

la toilette chimique

ванная комната - la salle de bains

детская комната
la chambre d'enfant

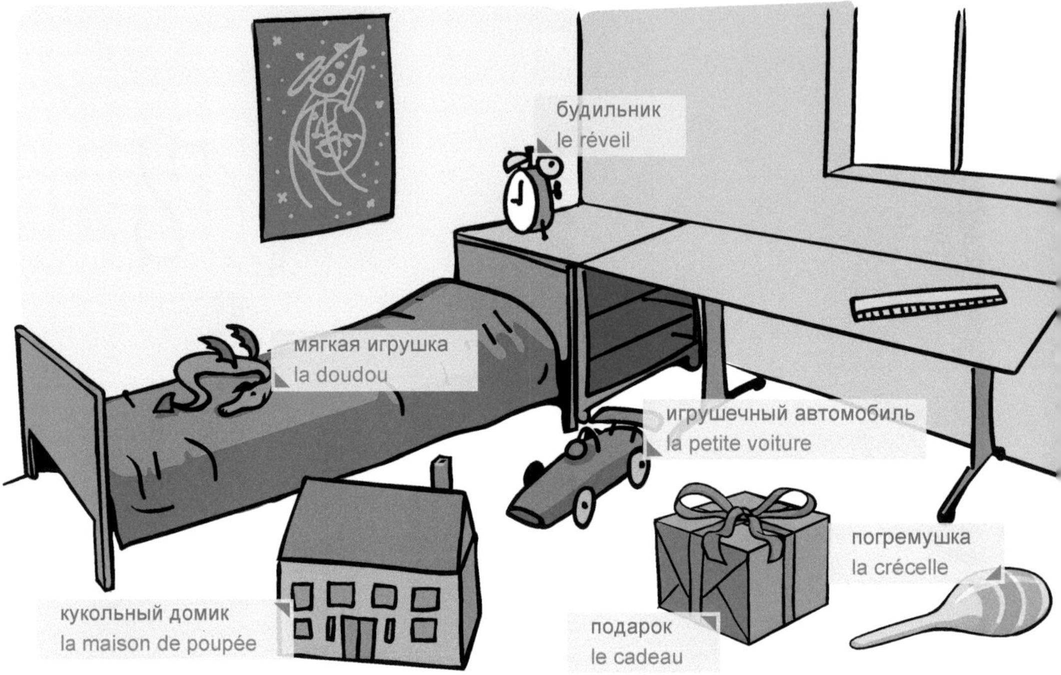

будильник
le réveil
мягкая игрушка
la doudou
игрушечный автомобиль
la petite voiture
погремушка
la crécelle
кукольный домик
la maison de poupée
подарок
le cadeau

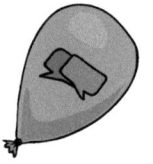

воздушный шар

le ballon

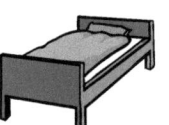

кровать

le lit

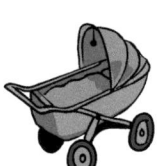

детская коляска

le landau

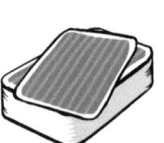

карточная игра

le jeu de cartes

пазл

le casse-tête

SUPER
MEGA

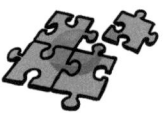

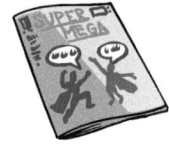

комикс

la bande dessinée

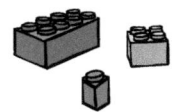

кирпичики Лего
les blocs LEGO

кубики
le jeu de briques

игрушечная фигурка
la figurine articulée

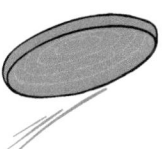
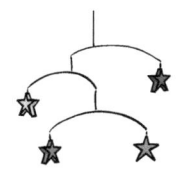

ползунки
la dormeuse

фрисби
le disque volant

мобиле
le mobile

настольная игра
le jeu de société

кубик
le dé

модель железной дороги
l'ensemble de modèles de train

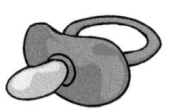

соска
le mannequin

вечеринка
la fête

книга с картинками
le livre d'images

мяч
la balle

кукла
la poupée

играть
jouer

детская комната - la chambre d'enfant

песочница
le bac à sable

качели
la balançoire

игрушка
les jouets

игровая приставка
la console de jeu vidéo

трёхколесный велосипед
le tricycle

плюшевый медвежонок
l'ours en peluche

шкаф для одежды
la garde-robe

одежда
les vêtements

носки
les chaussettes

чулки
les bas

колготки
le collant

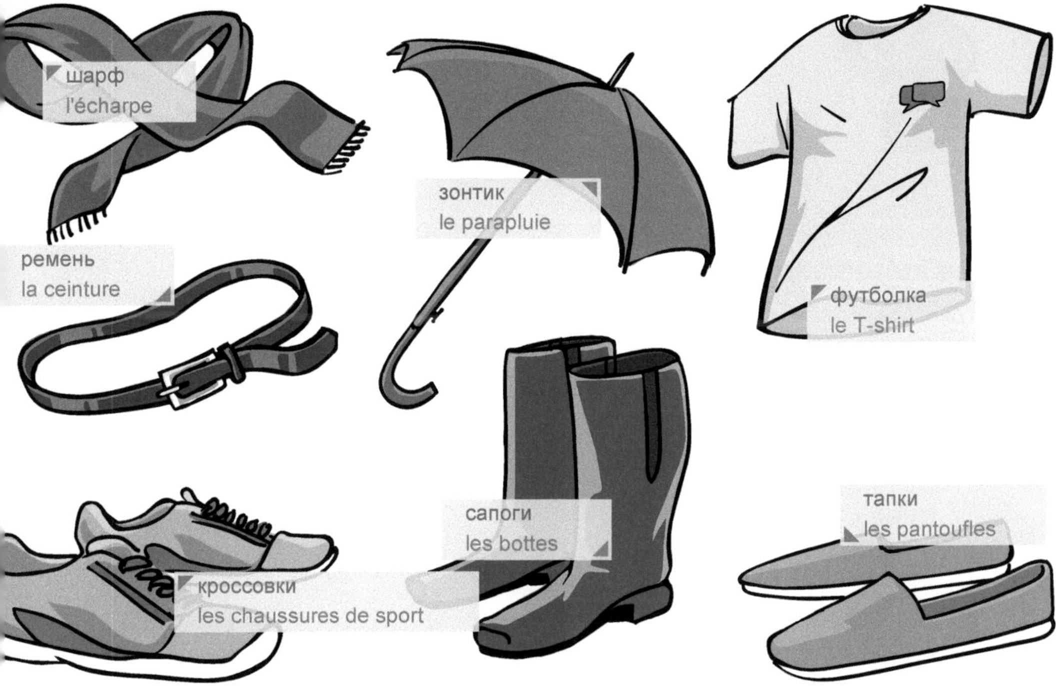

шарф
l'écharpe

зонтик
le parapluie

футболка
le T-shirt

ремень
la ceinture

сапоги
les bottes

тапки
les pantoufles

кроссовки
les chaussures de sport

сандалии
les sandales

ботинки
les souliers

резиновые сапоги
les bottes de caoutchouc

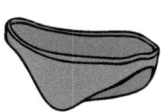

трусы
les sous-vêtements

бюстгальтер
le soutien-gorge

майка
le gilet

одежда - les vêtements

боди

le body

брюки

le pantalon

джинсы

le jean

юбка

la jupe

блузка

le chemisier

рубашка

la chemise

свитер

le chandail

свитер

le chandail à capuche

спортивная куртка

le blazer

жакет

la veste

пальто

le manteau

плащ

le manteau de pluie

костюм

le complet

платье

la robe

свадебное платье

la robe de mariée

мужской костюм
le tailleur

ночная сорочка
la chemise de nuit

пижама
le pyjama

сари
le sari

платок
le foulard

тюрбан
le turban

паранджа
la burqa

кафтан
le cafetan

абайя
l'abaya

купальник
le maillot de bain

плавки
le maillot short

шорты
la culotte courte

спортивный костюм
le survêtement

фартук
le tablier

перчатки
les mitaines

одежда - les vêtements

пуговица
le bouton

очки
les lunettes

браслет
le bracelet

цепочка
le collier

кольцо
la bague

серьга
la boucle d'oreille

шапка
la tuque

вешалка
le cintre

шляпа
le chapeau

галстук
la cravate

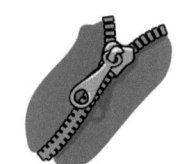

застежка молния
la fermeture à glissière

шлем
le casque

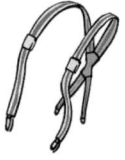

подтяжки
les bretelles

школьная форма
l'uniforme scolaire

форма
l'uniforme

одежда - les vêtements

детский нагрудник
le bavoir

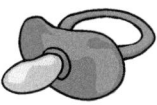

соска
le mannequin

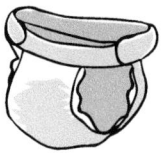

подгузник
la couche

офис
le bureau

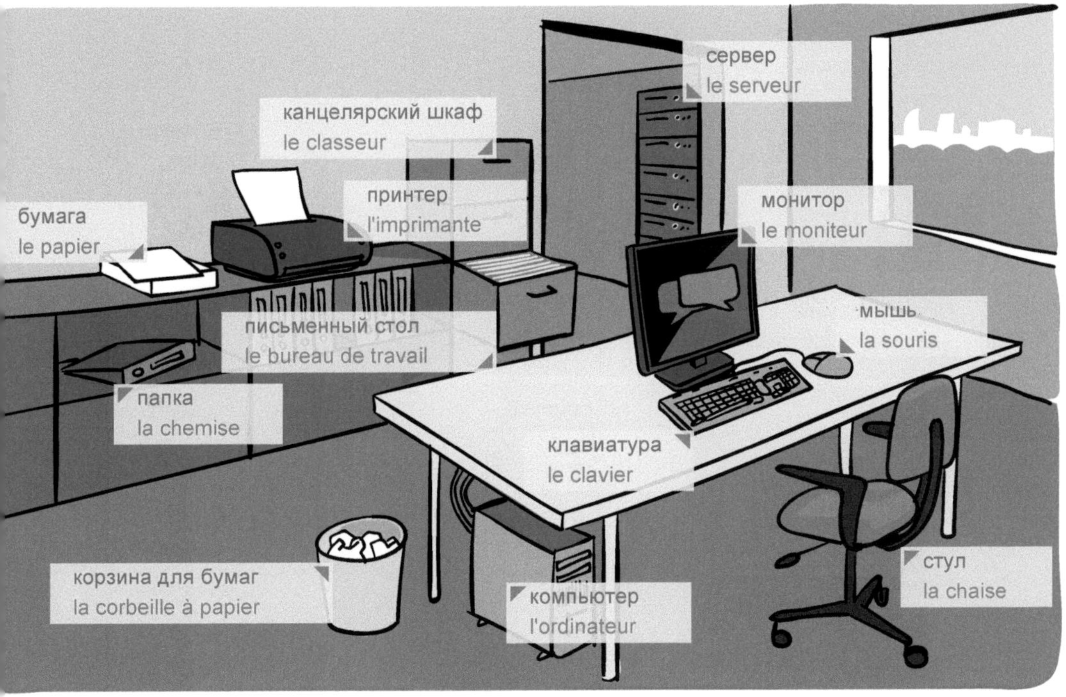

- сервер — le serveur
- канцелярский шкаф — le classeur
- принтер — l'imprimante
- монитор — le moniteur
- бумага — le papier
- письменный стол — le bureau de travail
- мышь — la souris
- папка — la chemise
- клавиатура — le clavier
- корзина для бумаг — la corbeille à papier
- компьютер — l'ordinateur
- стул — la chaise

кофейная кружка
la grande tasse à café

калькулятор
la calculatrice

интернет
l'Internet

ноутбук

l'ordinateur portable

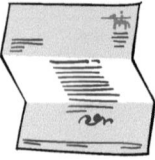

письмо

la lettre

сообщение

le message

мобильный телефон

le téléphone cellulaire

сеть

le réseau

ксерокс

le photocopieur

программа

le logiciel

телефон

le téléphone

розетка

la prise de courant

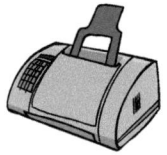

факс

le télécopieur

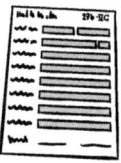

формуляр

le formulaire

документ

le document

экономика
l'économie

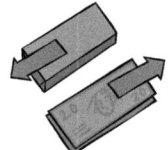

покупать

acheter

платить

payer

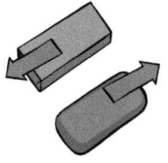

торговать

commercer

деньги

l'argent

доллар

le dollar

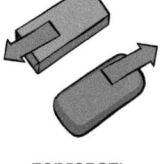

евро

l'euro

иена

le yen

рубль

le rouble

франк

le franc suisse

жэньминьби юань

le renminbi yuan

рупия

la roupie

банкомат

le distributeur de billets

пункт обмена валюты

le bureau de change

золото

l'or

серебро

l'argent

нефть

le pétrole

энергия

l'énergie

цена

le prix

договор

le contrat

налог

la taxe

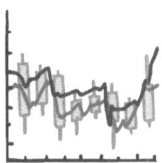

акция

les actions

работать

travailler

служащий

l'employé

работодатель

l'employeur

фабрика

l'usine

магазин

le magasin

экономика - l'économie

профессии
les professions

милиционер — l'agent de police

пожарный — le pompier

пилот — le pilote

повар — le cuisinier

врач — le docteur

садовник

le jardinier

столяр

le charpentier

швея

le couturier

судья

le juge

химик

le pharmacien

актёр

l'acteur

водитель автобуса

le chauffeur d'autobus

таксист

le chauffeur de taxi

рыбак

le pêcheur

уборщица

la femme de ménage

кровельщик

le couvreur

официант

le serveur

охотник

le chasseur

художник

le peintre

пекарь

le boulanger

электрик

l'électricien

строитель

le constructeur de bâtiments

инженер

l'ingénieur

мясник

le boucher

сантехник

le plombier

почтальон

le facteur

профессии - les professions

солдат
le soldat

архитектор
l'architecte

кассир
le caissier

флорист
le fleuriste

парикмахер
le coiffeur

кондуктор
le chef de train

механик
le mécanicien

капитан
le capitaine

зубной врач
le dentiste

ученый
le scientifique

раввин
le rabbin

имам
l'imam

монах
le moine

священник
l'ecclésiastique

профессии - les professions

инструменты
les outils

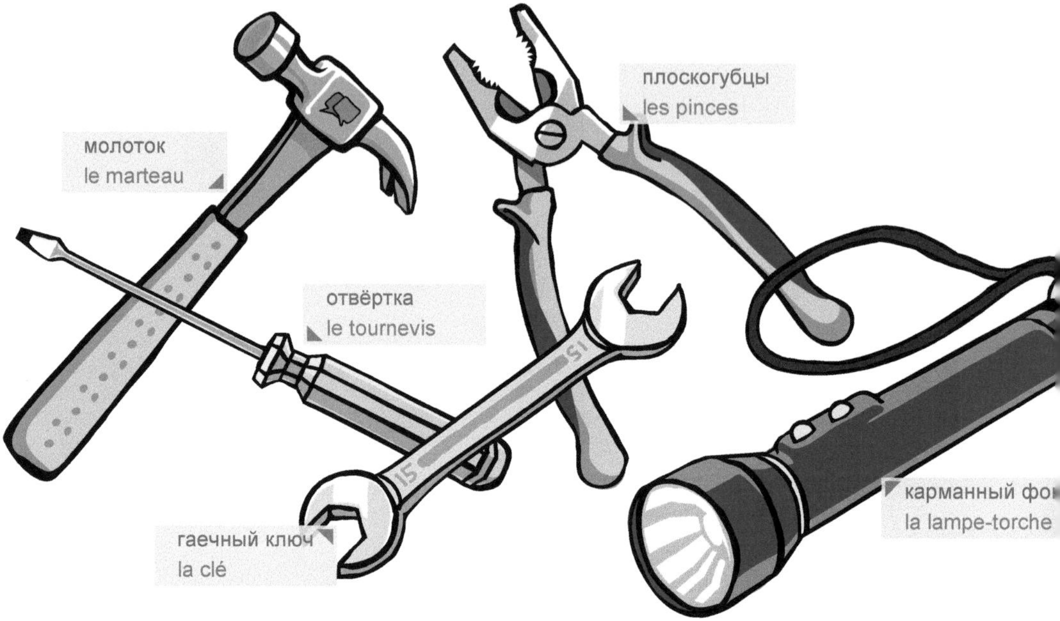

молоток
le marteau

плоскогубцы
les pinces

отвёртка
le tournevis

карманный фо[нарь]
la lampe-torche

гаечный ключ
la clé

экскаватор

l'excavatrice

ящик для инструментов

la boîte à outils

стремянка

l'échelle

пила

la scie

гвозди

les clous

дрель

la perceuse

ремонтировать
réparer

лопата
la pelle

Блин!
Tabarnouche !

совок
la pelle à poussière

ведро с краской
le pot de peinture

винты
les vis

музыкальные инструменты
les instruments de musique

громкоговоритель
le haut-parleur

ударный инструмент
la batterie

гитара
la guitare

контрабас
la contrebasse

труба
la trompette

| пианино | скрипка | бас-гитара |
| le piano | le violon | la basse |

| литавры | барабан | синтезатор |
| les timbales | le tambour | le synthétiseur |

| саксофон | флейта | микрофон |
| le saxophone | la flûte | le microphone |

музыкальные инструменты - les instruments de musique

зоопарк
le zoo

тигр
le tigre

вход
l'entrée

клетка
la cage

зебра
le zèbre

корм
la nourriture pour animaux

панда
le panda

животные
les animaux

слон
l'éléphant

кенгуру
le kangourou

носорог
le rhinocéros

горилла
le gorille

медведь
l'ours

верблюд
le chameau

страус
l'autruche

лев
le lion

обезьяна
le singe

фламинго
le flamand rose

попугай
le perroquet

белый медведь
l'ours polaire

пингвин
le pingouin

акула
le requin

павлин
le paon

змея
le serpent

крокодил
le crocodile

служитель зоопарка
le gardien de zoo

тюлень
le phoque

ягуар
le jaguar

зоопарк - le zoo

пони

le poney

леопард

le léopard

бегемот

l'hippopotame

жираф

la girafe

орёл

l'aigle

кабан

le sanglier

рыба

le poisson

черепаха

la tortue

морж

le morse

лиса

le renard

газель

la gazelle

зоопарк - le zoo

спорт
les sports

действия
les activités

прыгать — sauter
обнимать — serrer dans les bras
смеяться — rire
идти — marcher
петь — chanter
мечтать — rêver
молиться — prier
целовать — embrasser

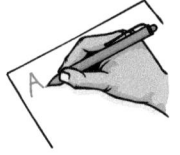

писать
écrire

рисовать
dessiner

показывать
montrer

нажимать
pousser

давать
donner

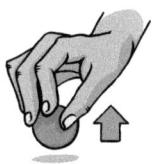

брать
prendre

иметь
avoir

делать
faire

быть
être

стоять
être debout

бежать
courir

тянуть
tirer

бросать
jeter

падать
tomber

лежать
s'allonger

ждать
attendre

носить
porter

сидеть
s'asseoir

надевать
s'habiller

спать
dormir

просыпаться
se réveiller

действия - les activités

рассматривать
regarder

плакать
pleurer

гладить
caresser

причесывать
peigner

говорить
parler

понимать
comprendre

спрашивать
demander

слушать
écouter

пить
boire

кушать
manger

наводить порядок
ranger

любить
aimer

готовить
cuisiner

ехать
conduire

летать
voler

действия - les activités

ходить под парусом
faire de la voile

считать
calculer

читать
lire

учиться
apprendre

работать
travailler

вступать в брак
se marier

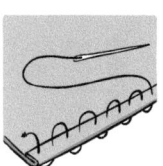
шить
coudre

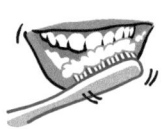
чистить зубы
brosser les dents

убивать
tuer

курить
fumer

отправлять
envoyer

действия - les activités

семья
la famille

бабушка / la grand-mère
дедушка / le grand-père
папа / le père
мама / la mère
младенец / le bébé
дочь / la fille
сын / le fils

гость

l'invité

тетя

la tante

дядя

l'oncle

брат

le frère

сестра

la sœur

тело
le corps

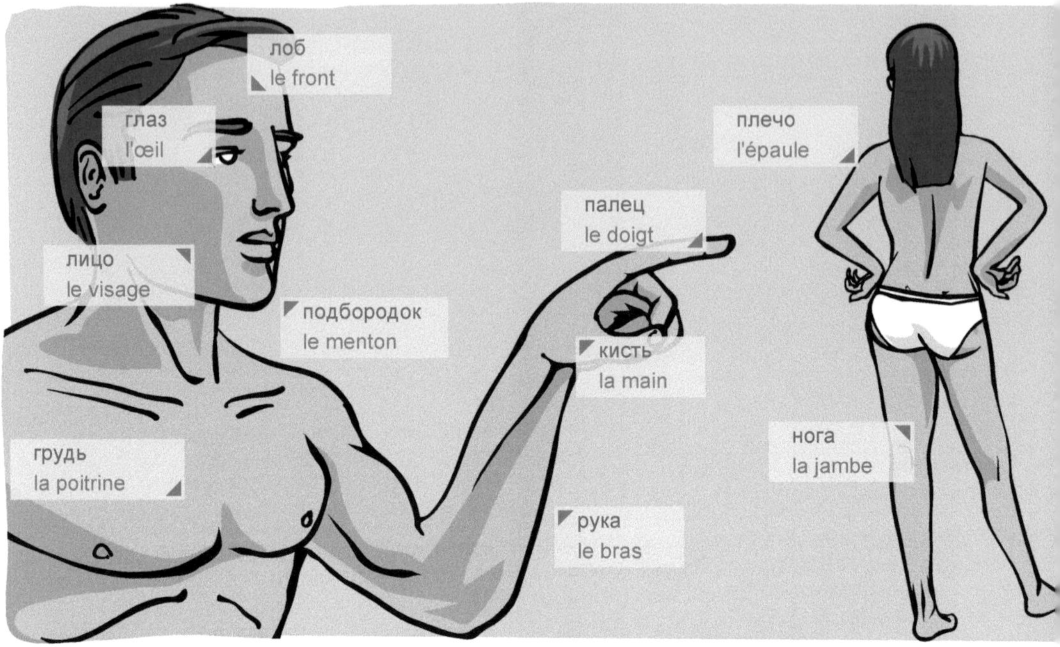

лоб / le front
глаз / l'œil
лицо / le visage
подбородок / le menton
грудь / la poitrine
плечо / l'épaule
палец / le doigt
кисть / la main
рука / le bras
нога / la jambe

младенец
le bébé

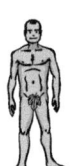

мужчина
l'homme

женщина
la femme

девочка
la fille

мальчик
le garçon

голова
la tête

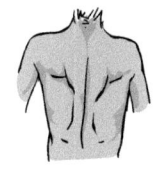

спина
le dos

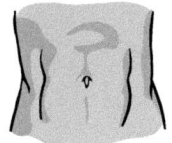

живот
le ventre

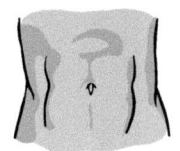

пупок
le nombril

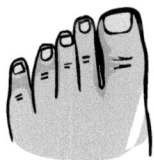

палец ноги
l'orteil

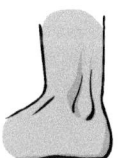

пятка
le talon

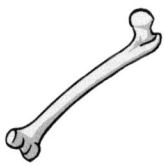

кость
l'os

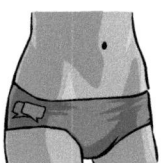

бедро
la hanche

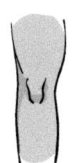

колено
le genou

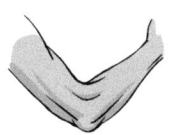

локоть
le coude

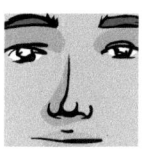

нос
le nez

ягодицы
le derrière

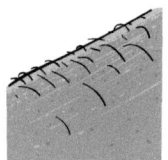

кожа
la peau

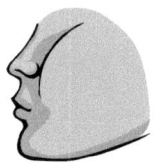

щека
la joue

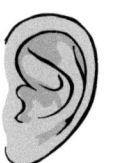

ухо
l'oreille

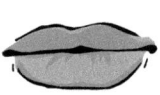

губа
la lèvre

тело - le corps

рот

la bouche

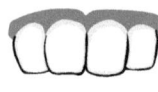

зуб

la dent

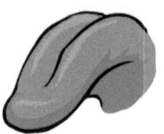

язык

la langue

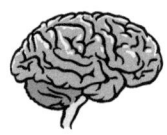

мозг

le cerveau

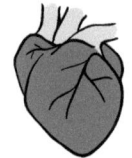

сердце

le cœur

мышца

le muscle

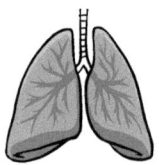

лёгкое

les poumons

печень

le foie

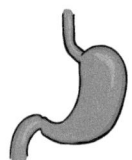

желудок

l'estomac

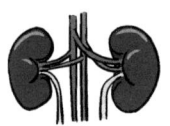

почки

les reins

половой акт

le rapport sexuel

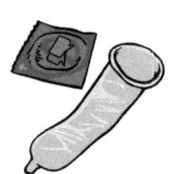

презерватив

le condom

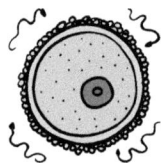

яйцеклетка

l'ovule

сперма

le sperme

беременность

la grossesse

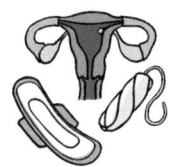

менструация

la menstruation

вагина

le vagin

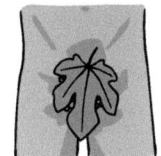

пенис

le pénis

бровь

le sourcil

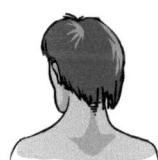

волосы

les cheveux

шея

le cou

больница
l'hôpital

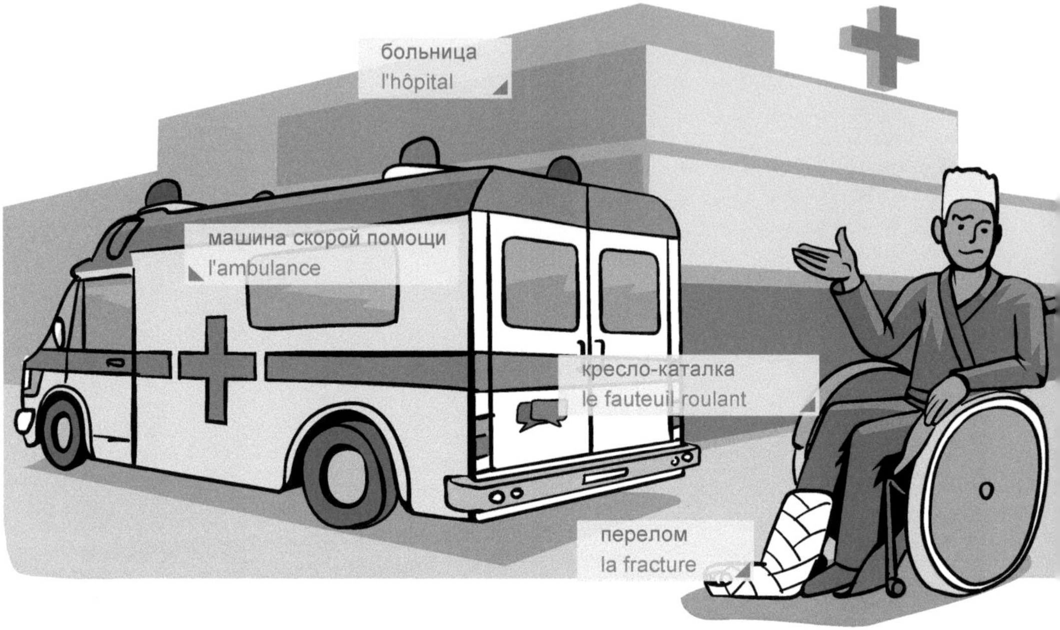

больница
l'hôpital

машина скорой помощи
l'ambulance

кресло-каталка
le fauteuil roulant

перелом
la fracture

врач

le docteur

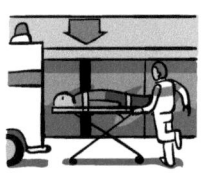

пункт первой помощи

la salle des urgences

медсестра

l'infirmier

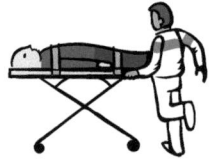

неотложный случай

l'urgence

без сознания

inconscient

боль

la douleur

повреждение

la blessure

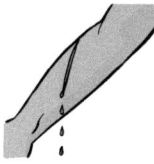

кровотечение

le saignement

инфаркт

la crise cardiaque

инсульт

l'AVC

аллергия

l'allergie

кашель

la toux

повышенная температура

la fièvre

грипп

la grippe

понос

la diarrhée

головная боль

le mal de tête

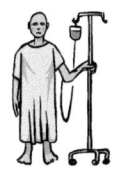

рак

le cancer

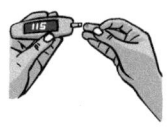

диабет

le diabète

хирург

le chirurgien

скальпель

le scalpel

операция

l'opération

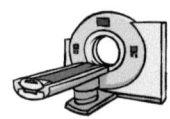
КТ
la tomodensitométrie

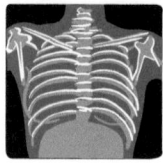
рентген
la radiographie

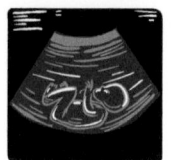
ультразвук
l'ultrason

маска
le masque

болезнь
la maladie

приёмная
la salle d'attente

костыль
la béquille

пластырь
le sparadrap

бинт
le bandage

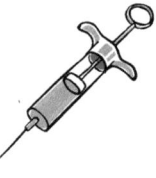
укол
l'injection

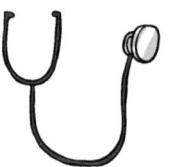
стетоскоп
le stéthoscope

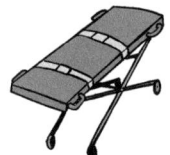
носилки
le brancard

термометр
le thermomètre médical

рождение
l'accouchement

избыточный вес
l'excès de poids

больница - l'hôpital

слуховой аппарат

l'appareil auditif

дезинфекционное средство

le désinfectant

инфекция

l'infection

вирус

le virus

ВИЧ / СПИД

le VIH/ le sida

лекарство

le médicament

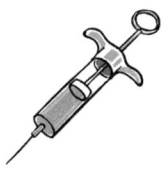

прививка

la vaccination

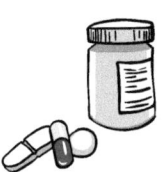

таблетки

les comprimés

противозачаточная таблетка

la pilule

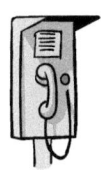

экстренный вызов

l'appel d'urgence

прибор для измерения кровяного давления

le tensiomètre

больной / здоровый

malade / en bonne santé

больница - l'hôpital

неотложный случай
l'urgence

Помогите!
Au secours !

сигнал тревоги
l'alarme

нападение
l'assaut

атака
l'attaque

опасность
le danger

запасной выход
la sortie de secours

Пожар!
Au feu!

огнетушитель
l'extincteur

несчастный случай
l'accident

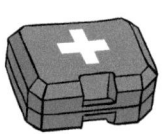

аптечка
la trousse de premiers soins

SOS
SOS

милиция
la police

земля
la Terre

Европа
l'Europe

Северная Америка
l'Amérique du Nord

Южная Америка
l'Amérique du Sud

Африка
l'Afrique

Азия
l'Asie

Австралия
l'Australie

Атлантический океан
l'océan Atlantique

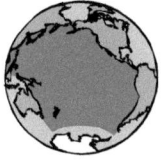
Тихий океан
l'océan Pacifique

Индийский океан
l'océan Indien

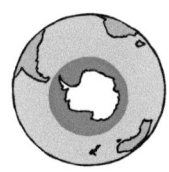
Антарктический океан
l'océan Antarctique

Северный Ледовитый океан
l'océan Arctique

Северный полюс
le Pôle Nord

Южный полюс

le Pôle Sud

Антарктика

l'Antarctique

земля

la Terre

суша

la terre

море

la mer

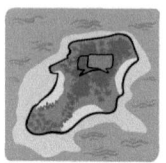

остров

l'île

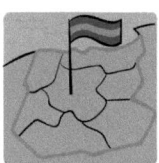

нация

la nation

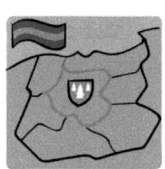

государство

l'État

земля - la Terre

часы
l'heure

циферблат

le cadran

часовая стрелка

l'aiguille des heures

минутная стрелка

l'aiguille des minutes

секундная стрелка

l'aiguille des secondes

Который час?

Quelle heure est-il ?

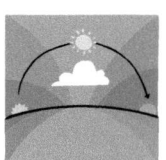

день

le jour

время

le temps

сейчас

maintenant

электронные часы

la montre à affichage numérique

минута

la minute

час

l'heure

неделя
la semaine

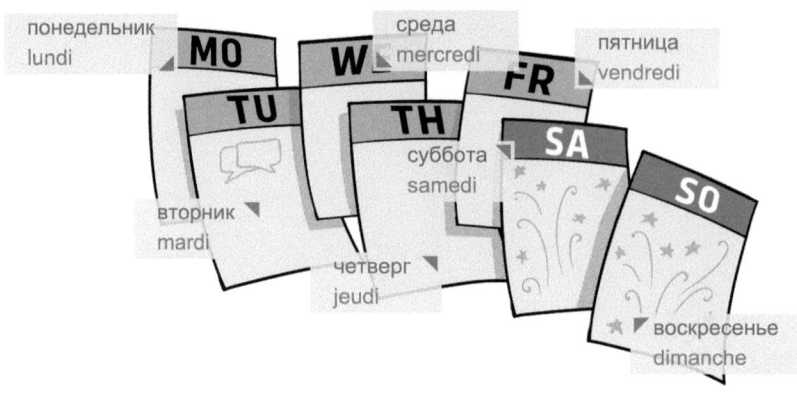

понедельник
lundi

среда
mercredi

пятница
vendredi

вторник
mardi

четверг
jeudi

суббота
samedi

воскресенье
dimanche

вчера
hier

сегодня
aujourd'hui

завтра
demain

утро
le matin

полдень
le midi

вечер
le soir

рабочие дни
les jours ouvrables

выходные
la fin de semaine

год

l'année

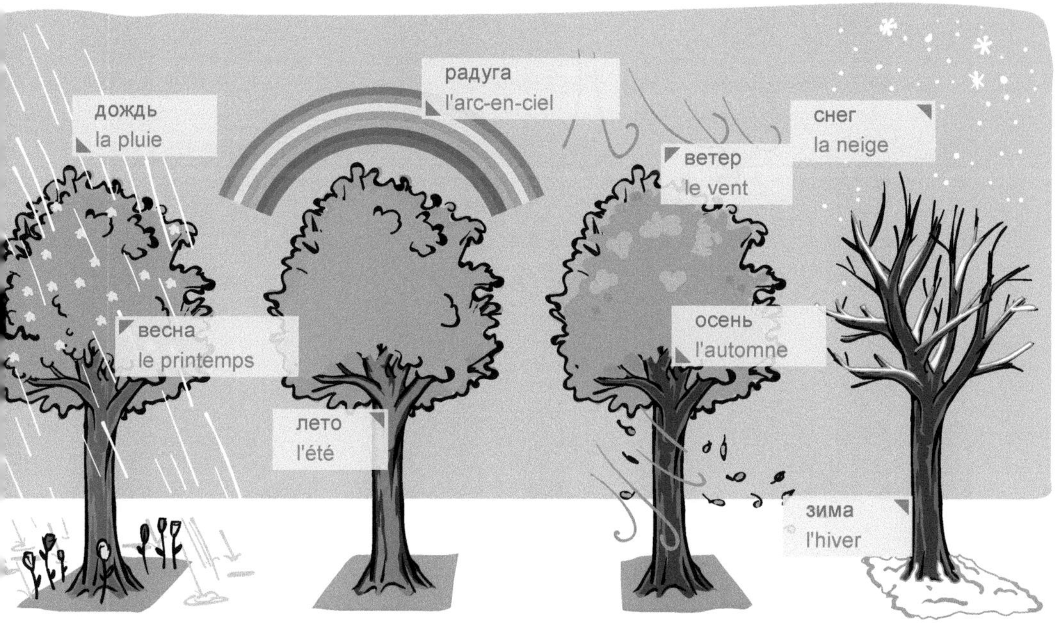

дождь
la pluie
радуга
l'arc-en-ciel
снег
la neige
ветер
le vent
весна
le printemps
осень
l'automne
лето
l'été
зима
l'hiver

4.APRIL 11°
5.APRIL 4°
6.APRIL 13°
7.APRIL 8°
8.APRIL 10°

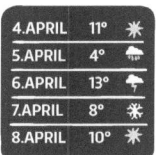

прогноз погоды

les prévisions météorologiques

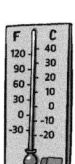

термометр

le thermomètre

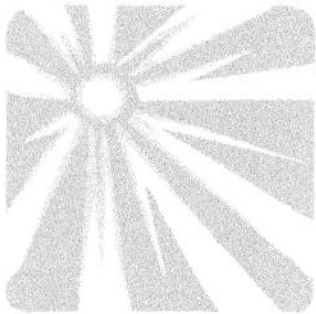

солнечный свет

les rayons du soleil

туча

le nuage

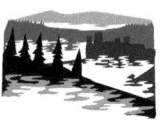

туман

le brouillard

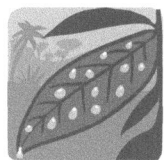

влажность воздуха

l'humidité

молния
la foudre

гром
le tonnerre

буря
la tempête

град
la grêle

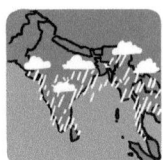

муссон
la mousson

наводнение
l'inondation

лёд
la glace

январь
janvier

февраль
février

март
mars

апрель
avril

май
mai

июнь
juin

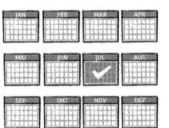

июль
juillet

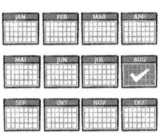

август
août

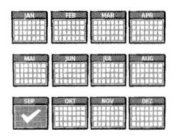
сентябрь
septembre

октябрь
octobre

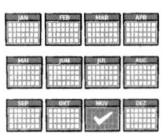
ноябрь
novembre

декабрь
décembre

формы
les formes

круг
le cercle

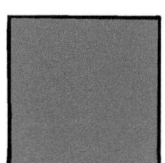
квадрат
le carré

прямоугольник
le rectangle

треугольник
le triangle

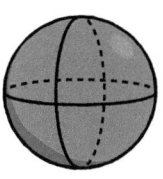
шар
la sphère

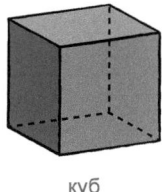
куб
le cube

цвета
les couleurs

белый
blanc

желтый
jaune

оранжевый
orange

розовый
rose

красный
rouge

лиловый
violet

синий
bleu

зелёный
vert

коричневый
marron

серый
gris

черный
noir

противоположности
les opposés

много / мало

beaucoup / un peu

яростный / мирный

en colère / calme

красивый / уродливый

beau / laid

начало / конец

le début / la fin

большой / маленький

grand / petit

светлый / темный

lumineux / sombre

брат / сестра

le frère / la sœur

чистый / грязный

propre / sale

полный / неполный

complet / incomplet

день / ночь

le jour / la nuit

мёртвый / живой

mort / vivant

широкий / узкий

large / étroit

съедобный / несъедобный

comestible / non comestible

злой / дружелюбный

méchant / gentil

взволнованный / скучающий

être enthousiaste / s'ennuyer

толстый / худой

gros / mince

сначала / в конце

le premier / le dernier

друг / враг

l'ami / l'ennemi

полный / пустой

plein / vide

твёрдый / мягкий

dur / mou

тяжёлый / лёгкий

lourd / léger

голод / жажда

faim / soif

больной / здоровый

malade / en bonne santé

незаконный / законный

illégal / légal

 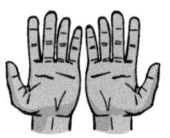 

умный / глупый

intelligent / stupide

слева / справа

gauche / droite

близко / далеко

proche / loin

противоположности - les opposés

новый / подержанный
neuf / usagé

ничто / нечто
rien / quelque chose

старый / молодой
vieux / jeune

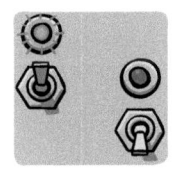
включено / выключено
marche / arrêt

открыто / закрыто
ouvert / fermé

тихо / громко
calme / bruyant

богатый / бедный
riche / pauvre

правильный / неправильный
correct / incorrect

шероховатый / гладкий
rugueux / lisse

печальный / счастливый
triste / heureux

короткий / длинный
court / long

медленный / быстрый
lent / rapide

мокрый / сухой
mouillé / sec

тёплый / прохладный
chaud / froid

война / мир
la guerre / la paix

противоположности - les opposés

цифры
les nombres

0
ноль
zéro

1
один
un

2
два
deux

3
три
trois

4
четыре
quatre

5
пять
cinq

6
шесть
six

7
семь
sept

8
восемь
huit

9
девять
neuf

10
десять
dix

11
одиннадцать
onze

12
двенадцать
douze

13
тринадцать
treize

14
четырнадцать
quatorze

15
пятнадцать
quinze

16
шестнадцать
seize

17
семнадцать
dix-sept

18
восемнадцать
dix-huit

19
девятнадцать
dix-neuf

20
двадцать
vingt

100
сто
cent

1.000
тысяча
mille

1.000.000
миллион
le million

цифры - les nombres

ЯЗЫКИ
les langues

английский

l'anglais

американский английский

l'anglais américain

мандаринский китайский

le chinois mandarin

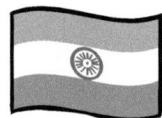

хинди

le hindi

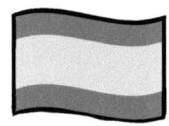

испанский

l'espagnol

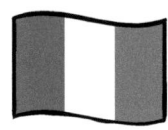

французский

le français

арабский

l'arabe

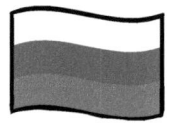

русский

le russe

португальский

le portugais

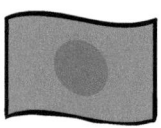

бенгальский

le bengali

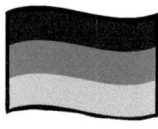

немецкий

l'allemand

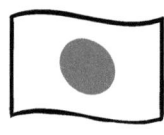

японский

le japonais

кто / что / как
qui / quoi / comment

я
je

ты
tu

он / она / оно
il / elle / ce, c', cela

мы
nous

вы
vous

они
ils / elles

кто?
qui ?

что?
quoi ?

как?
comment ?

где?
où ?

когда?
quand ?

имя
le nom

где
où

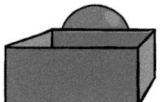

за
derrière

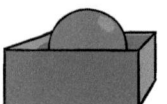

в
dans

перед
devant

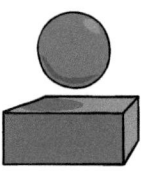

над
au-dessus

на
sur

под
en dessous

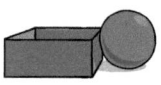

рядом
à côté de

между
entre

место
l'endroit